GUIA DE CAMPO

PARA JOVENS EXPLORADORES

parques e jardins

Concepção e texto: Clarice Uba
Ilustrações: Marcos Paulo Drumond
Projeto gráfico: Ainá Calia
Diagramação: Ainá Calia e Luiza Serpa
Capa: Luiza Serpa e Marcos Paulo Drumond
Revisão de texto: Daniela Marini Iwamoto

Dados Internacionais de Catalogação na Publicação - CIP

U12

Uba, Clarice
Guia de campo para jovens exploradores: parques e jardins / Clarice Uba.
Ilustrações de Marcos Paulo Drumond. – São Paulo: Lume Livros, 2025.
(Jovens Exploradores)
96 p.; Il.

ISBN 978-65-88170-27-4

1.Pesquisa. 2. Pesquisa Científica. 3. Metodologia da Pesquisa. 4. Pesquisador. 5. Meio Ambiente. 6. Diversidade Animal. 7. Diversidade Vegetal. 8. Estações do Ano. 9. Universo. 10. Árvores. 11. Animais. 12. Literatura Infanto-Juvenil. I. Título. II. Série. III. Drumond, Marcos Paulo.

CDU 82-93 **CDD 028.5**

Catalogação elaborada por Regina Simão Paulino – CRB 6/1154

Impresso na Gráfica Santa Marta

Primeira edição, outubro de 2018.

Lume Livros Editora Ltda - ME.
Rua Sabará, 261, 51 – Higienópolis
CEP 01239-011 - São Paulo - SP
Tel. +55 11 2659 6172
contato@lumelivros.com
www.lumelivros.com

GUIA DE CAMPO

PARA JOVENS EXPLORADORES

parques e jardins

Clarice Uba

Ilustrações:
Marcos Paulo Drumond

COMO USAR ESTE LIVRO

Este é um livro pela metade, e o seu vai ser diferente de todos os outros.

Como assim?

Quem vai terminar o livro é você. Este é o seu guia de campo, que vai ser diferente do guia de campo de qualquer outra pessoa, porque você é diferente de todo mundo.

A parte que já está feita é cheia de informações, dicas e curiosidades para ajudar você a explorar e descobrir o mundo. Mas o que vai ser, observado, desenhado e pesquisado fica totalmente por sua conta!

E como esse livro é todinho seu, também vale colorir os desenhos que já estão aqui, ou até escrever mais coisas nas páginas com texto.

Aqui não existem regras, só sugestões.

Lembre-se: este livro é seu, e você é o grande explorador.

BOAS DESCOBERTAS!

O QUE TEM LÁ FORA?

Você já reparou em como existe vida a sua volta? Mesmo que você more em um apartamento no meio de uma cidade grande, já deve ter visto uma formiguinha na sua casa, ouvido um passarinho cantando na rua, ou visto uma planta dando um jeito de crescer no meio do asfalto.

Até nas cidades grandes o mundo é cheio de bichos e plantas que continuam levando a vida deles como sempre levaram, mesmo no meio da nossa bagunça. Que tipo de vida eles levam? Por que existem tantos bichos e plantas diferentes? Como eles convivem uns com os outros?

Todas essas são perguntas de um grande explorador!

Este livro é um guia para você descobrir os mistérios desse mundo de coisas acontecendo ao seu redor. Você pode levá-lo para um passeio no campo, para um parque ou praça, ou até para o jardim de casa ou de um prédio. Ele está cheio de ideias e informações sobre o que ver e como explorar, mas quem vai completar o livro é você!

Este é um espaço para anotar, colar, desenhar e guardar tudo o que você descobrir nas suas explorações do mundo.

UM JEITO DIFERENTE DE OLHAR

Quando cientistas vão estudar alguma coisa, eles seguem um passo a passo que se chama **método científico**. O nome pode parecer assustador, mas a ideia é fácil: são passos que uma pessoa tem que seguir para descobrir algo novo.

Esse é um jeito diferente de pensar. Existem vários passos que se pode usar dentro do método científico, mas uma versão reduzida (e fácil de usar) ficaria assim:

1. Você tem uma **dúvida** ou uma **pergunta**.
2. Para responder a essa pergunta você **pesquisa** para ter mais informações sobre o assunto.
3. Com essas informações, dá para pensar em uma resposta para a pergunta. Essa resposta que você ainda não sabe se é ou não é verdade se chama **hipótese**.
4. Para confirmar se a sua hipótese está certa, você tem que fazer uma **experiência**.
5. No final da experiência, os **resultados** aparecem.
6. E se chega numa **conclusão** (a hipótese estava certa, errada, certa em algumas coisas, errada em outras, etc.).

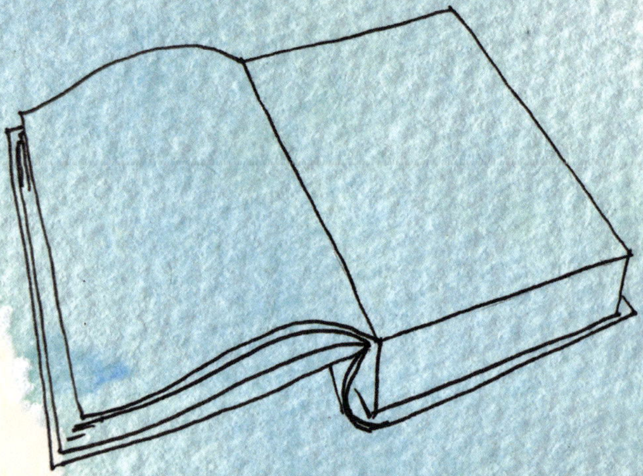

Parece difícil, mas não é.
Vamos ver em um exemplo

Talvez um dia você tenha visto uma formiga na sua casa e se perguntado:

De onde veio essa formiga?

(Esta é a sua pergunta!)

Aí você pode perguntar para adultos que conheça ou procurar em livros e na internet onde as formigas moram. Talvez você vá até um pouquinho mais longe e procure também o que elas comem e como é a vida delas.

(Esta é a sua pesquisa!)

Depois da pesquisa você vai descobrir que as formigas moram em casas chamadas formigueiros, com milhares de outras formiguinhas, e que algumas delas saem todo dia em uma fila comprida para procurar comida e levar de volta para o formigueiro.

(Olha suas informações aqui!)

Com essas informações você vai pensar: aha, tem um formigueiro na minha casa!

(Que bela hipótese!)

E como saber se isso é verdade? Até agora só apareceu uma formiga, mas você sabe que as formigas saem para procurar comida e voltam para o formigueiro. E se você colocar um pouquinho de comida perto de onde viu a primeira formiga? Se tiver mesmo um formigueiro na sua casa, elas vão achar e levar de volta para o formigueiro.

(Este é o seu experimento!)

Você deixa um pedacinho de pão no chão onde viu a formiga e espera algumas horas. Depois de um tempo aparece uma fila comprida de formigas, do seu pedacinho de pão até um buraquinho na parede onde todas elas entram.

(Olha os resultados aqui!)

Ou não aparece mais nenhuma formiga.

O legal do método científico é que com ele você pode descobrir um monte de coisas, e mesmo que não tenha como fazer um experimento no mundo real dá para tentar fazer um na sua cabeça.

(Isto chama experimento empírico!)

Se você viu a fila e achou o formigueiro (o buraquinho na parede), então sua hipótese estava certa. Mas, se nenhuma formiga apareceu, então talvez não tenha um formigueiro na sua casa.

(Esta é sua conclusão!)

Daqui para frente o cientista é você

Tente usar o método científico quando estiver observando os bichos e plantas e registre tudinho neste livro. Mesmo que não ache resposta para tudo, com certeza você vai fazer muitas perguntas interessantes, o que significa que está aprendendo a ver o mundo com mais atenção.

COMEÇANDO

Agora é hora de pegar seu livro, sua curiosidade, suas perguntas, algumas coisinhas e sair de casa para fazer muitas descobertas!

Como explorar

A primeira coisa que você vai precisar é curiosidade, que você já tem, mas as outras também são muito importantes:

Paciência: a natureza ao vivo não é como na televisão, muitas vezes você só vai achar algum sinal de que um bicho passou por ali, ou vai ter que voltar muitas vezes em um mesmo lugar para ver alguma mudança.

Concentração: tente prestar atenção em uma coisa de cada vez e por bastante tempo, isso também tem a ver com paciência!

Repetição: vale a pena tentar ir aos mesmos lugares muitas vezes. Só assim você vai descobrir as pequenas diferenças que vão servir de dica para o comportamento dos bichos e das plantas.

E A GENTE NÃO TEM SÓ OLHO, NÉ?

Os sons de um lugar são muito importantes também. Às vezes você só vai saber que tem um passarinho por perto pelo seu canto, ou vai achar um riacho pelo barulho da água.

Tocar as coisas também pode ser legal. Claro que você não pode pôr a mão em qualquer planta ou bicho; sempre pergunte para algum adulto. Tente pensar por que algumas plantas são mais ásperas do que outras, ou por que alguns bichos preferem um chão bem quente e outros, uma terra fofinha na sombra.

O que levar

Lápis, lápis de cor, borracha, e outras coisas de desenhar e escrever que você goste de usar.

Uma lupa para ver os insetos mais de perto também é legal.

Se for sair à noite, ou perto do anoitecer, uma lanterna é uma boa amiga.

Se estiver indo para uma caminhada no campo, por exemplo, pode levar um bloquinho e só um lápis para fazer anotações e desenhos, e depois passar a limpo (ou colar a página do bloquinho) neste livro.

SE QUISER, TAMBÉM PODE LEVAR ALGUMAS COISAS PARA CASA PARA DESENHAR MELHOR, COMO PLANTAS, PEDRAS E ATÉ A CASQUINHA DE ALGUM INSETO MORTO.

TECNOLOGIA TAMBÉM PODE AJUDAR

Alguns aplicativos para celular podem dar uma mãozinha!

Pl@ntNet ajuda você a identificar plantas a partir de fotos tiradas com o celular ou até de imagens da internet. Mas só dá o nome científico da planta.

Pássaros do Brasil tem fotos e informações curiosas sobre alguns dos pássaros mais comuns do Brasil, e ainda vem com um áudio do canto de cada um!

Carta celeste cria um mapa interativo de tudo o que está no céu. Com ele você consegue identificar e descobrir constelações, planetas e outros corpos celestes no céu noturno.

ALGUNS ANIMAIS GOSTAM DE SE ESCONDER EMBAIXO DE PEDRAS OU TRONCOS CAÍDOS. VOCÊ PODE PEDIR A AJUDA DE UM ADULTO PARA ROLAR PEDRAS E GALHOS E VER O QUE TEM LÁ (NUNCA FAÇA ISSO SOZINHO, ÀS VEZES PODE TER UM BICHO QUE PICA ESCONDIDO).

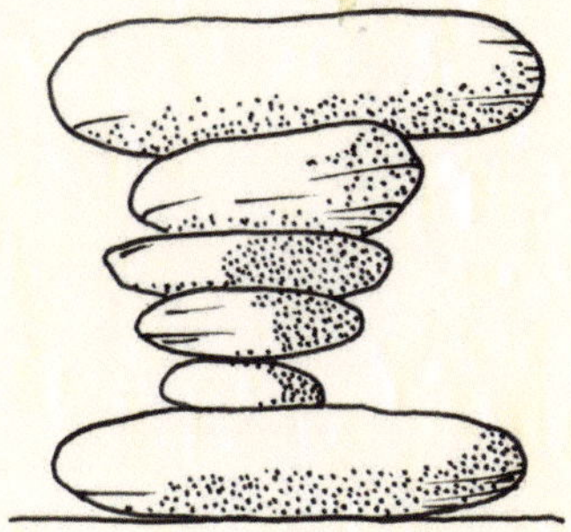

O que colocar no seu livro

- Anote o dia, o horário (de manhã, de tarde, de noite), o lugar e como estava o tempo (seco, chuva, muito quente, frio, com sol, com vento, com nuvens, pouco sol).
- O que mais você pode perceber? Tem pássaros cantando? Tem alguma planta de cheiro forte? O que chamou mais atenção nesse lugar?
- Aí você pode anotar algum bicho ou planta que observou: Você tem alguma pergunta sobre ele? E alguma hipótese?
- Que tal anotar alguma história, música ou até sentimento que passe pela sua cabeça nas suas explorações?
- Aproveite para fazer desenhos das plantas e dos bichos que chamarem a sua atenção. Você também pode colar recortes ou fotos desses mesmos bichos e plantas que achar em outros lugares, como numa revista.
- Que tal colar também algumas coisas que você achar, como folhas secas, pedaços de casca de árvore ou penas de pássaros?

DÁ PARA GUARDAR FOLHAS E FLORES FRESCAS ENTRE AS PÁGINAS DO SEU LIVRO E COLOCAR UM PESO EM CIMA DELE EM CASA. COM O TEMPO, ESSAS FOLHAS E FLORES VÃO FICAR SEQUINHAS E PODEM CONTINUAR GUARDADAS NO SEU LIVRO POR MUITOS ANOS.

VIRE A PÁGINA PARA DESCOBRIR ALGUNS DETALHES DO MUNDO AO SEU REDOR, E TER ALGUMAS IDEIAS DE COMO EXPLORAR CADA UM DELES.

VAMOS COMEÇAR?

O ANO TODO

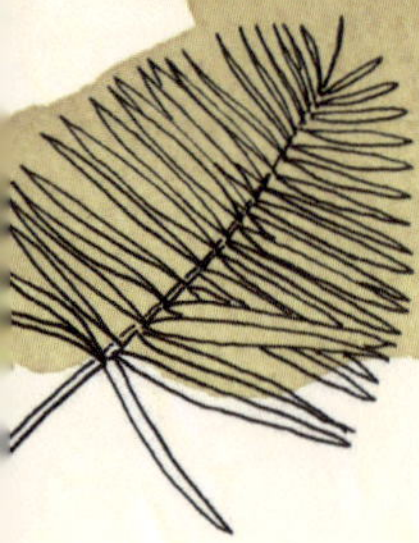

Se você for num mesmo parque ou jardim várias vezes ao longo de um ano, vai notar que as coisas mudam com as estações. Alguns pássaros aparecem e outros vão embora, as árvores e plantas dão flores, mudam de cor e algumas até perdem as folhas (mas depois crescem outras novas!). Os dias também mudam, podem ficar mais curtos ou mais longos, em algumas épocas chove muito e em outras não chove nada.

A gente divide o ano em 4 estações: primavera, verão, outono e inverno. Mas, como a gente mora em um país (quase todo) tropical, na maior parte do Brasil não tem muita diferença entre a primavera e o verão, por exemplo.

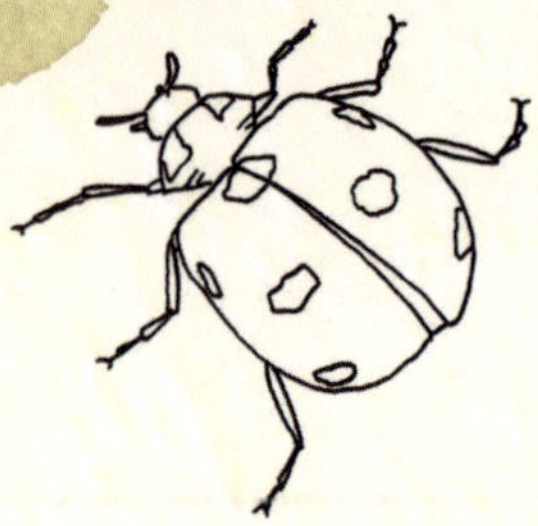

Como são as estações no Brasil?

Isso muda um bocado de lugar para lugar, mas em geral é assim:

O QUE ACONTECE COM:	Verão **dezembro / janeiro / fevereiro**	Outono **março / abril / maio**
CLIMA	Época mais quente do ano! Os dias são longos e tempestades no final da tarde são muito comuns. No final de dezembro também acontece o solstício de verão – o dia com mais horas de luz do ano.	Começa no finalzinho de março. É quando os dias vão ficando mais frios, mais secos e mais curtos.
PLANTAS	Com muito sol e muita chuva, as plantas rasteiras crescem muito e a maioria das árvores está verde e contente. Algumas, como os flamboyants, também florescem nessa época.	Muitas árvores começam a perder as folhas nessa época do ano, se preparando para o inverno, outras continuam verdes e algumas árvores ficam cheias de flores; como as acácias de flores amarelas e as quaresmeiras.
BICHOS	**Aves:** muitos pássaros ainda estão por aqui aproveitando o calor. O começo do verão é uma época boa para ver os filhotes que nasceram na primavera. **Sapos:** sapos, rãs e pererecas adoram o verão! À noite é comum ver e ouvir esses bichos perto de lugares com água, como riachos e lagos. **Insetos:** os insetos amam o calor! É uma boa época para ver um monte desses bichos rastejantes ou voadores.	**Aves:** durante o outono muitas aves, como andorinhas, vão embora para climas mais quentes. Outras tantas continuam por aqui, como os bem-te-vis amarelos que fazem os ninhos no outono e no inverno. **Insetos:** conforme vai esfriando, os insetos também vão se escondendo. No outono já é mais difícil ver percevejos e joaninhas.

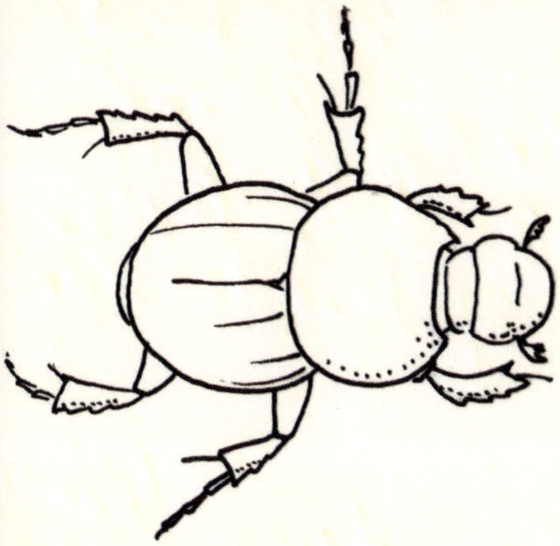

O que muda muito, e que você já deve ter percebido, é que tem uma época em que chove mais (primavera e verão) e outra em que chove menos (outono e inverno). Para a nossa vida essas mudanças de um pouco mais quente para um pouco mais frio, de um pouco mais seco para um pouco mais molhado podem parecer pouco, mas para animais e plantas elas são muito importantes, e o que você vai ver quando for para um parque, jardim ou campo vai mudar ao longo do ano. É só prestar atenção.

Inverno

junho / julho / agosto

A época mais fria e escura do ano, também é quando menos chove. No final de junho acontece o solstício de inverno, o dia mais curto do ano. Em serras e no sul do país é normal ter geadas e até nevar!

Muitas plantas ficam secas pelo frio e pela falta de chuvas, mas algumas árvores, como o ipê e as primaveras, adoram esse clima e ficam floridas no auge do inverno.

Aves: como no Brasil não faz muito frio, muitos pássaros continuam sua vidinha por aqui, como os sabiás.

Insetos: muitos insetos estão escondidos, ou só aparecem nos dias mais quentes do inverno.

Primavera

setembro / outubro / novembro

Volta a esquentar e os dias vão ficando mais compridos outra vez. É também quando voltam aquelas tempestades de final de tarde.

Muitas plantas dão flores nessa época do ano: azaleia, girassol, sibipiruna e jacarandá-mimoso são algumas delas.

Aves: bem no começo de setembro as andorinhas voltam, fugindo do frio no hemisfério norte para passar o verão aqui. E é nessa época que a maioria das aves faz os ninhos e cuida dos filhotes.

Insetos: tem muito mais abelhas voando por aí (por causa de todas as flores!). Alguns tipos de besouro, como os escaravelhos, também aparecem nessa época.

Você explorando

Para ver o quanto as estações fazem uma grande diferença na natureza, você pode escolher uma árvore e ir anotando aqui o que muda nela e ao redor dela ao longo do tempo.

Tente escolher uma que você possa visitar sempre (pode ser no quintal de um amigo ou familiar, num parque perto de casa, ou até no caminho da escola). Assim fica mas fácil acompanhar as mudanças durante o ano.

Aqui vão algumas ideias do que você pode anotar, observar e colar no seu livro, mas lembre-se: são só sugestões.

Onde fica a árvore?

Qual a primeira vez que você prestou atenção nela?

Ela é alta, baixa, com galhos só lá no alto, ou que começam num lugar onde você consiga alcançar?

(Você já subiu nessa árvore? Como foi?)

Você consegue desenhar uma folha dela?

(Ou talvez colar uma folha aqui?)

Como é em volta da árvore?

Tem grama embaixo dela?

Às vezes uma outra planta cresce enrolada em uma árvore. A sua tem isso?

(Por que será que isso acontece?)

Em que época do ano ela tem mais flores?

Quando as flores caem no chão?

Que tal colar uma flor aqui?

Abelhas e borboletas visitam essa árvore?
Que horário do dia?

(Você pode desenhar uma borboleta ou abelha aqui!)

Pássaros também gostam dela?

Alguma ave tem um ninho lá?
Se sim, ela fica o ano todo no ninho?

Talvez alguns pássaros só passem lá de vez em quando.
Tem uma época com mais pássaros na árvore?

(Eles fazem muito cocô no chão?)

Ela tem frutas?

Quando elas aparecem?

São boas de comer (se der para comer?)?

(Quer fazer uma mancha
com a polpa da fruta aqui?)

Que outros bichos visitam ou moram na sua árvore?

Talvez tenha um formigueiro no tronco.

Talvez outros insetos vivam entre as folhas.

(Que outras coisas você
consegue descobrir?)

**Talvez os gatos da vizinhança gostem de tirar
um cochilo em algum galho.**

OLHE PARA CIMA

Tudo o que está no céu pode parecer muito distante, mas faz parte da nossa vida na Terra também. O sol, a lua e até as estrelas têm uma dança com o que é vivo e até com coisas que não são, como as marés, que mudam junto com a lua.

Quando você estiver explorando o mundo, vale a pena reparar no que está acontecendo lá no alto tanto quanto no que está acontecendo aqui embaixo.

Sol

Qual foi a última vez que você viu o pôr do sol? E o nascer do sol?

Já reparou em como as cores ficam espetaculares durante esses momentos do dia? Isso acontece porque a luz do sol tem todas as cores do arco-íris (ela parece branca pois estão todas misturadas). No nascer e no pôr do sol, a gente vê essa luz de um certo ângulo e, daí, dá para ver algumas das cores diferentes.

Um arco-íris funciona mais ou menos do mesmo jeito; ele aparece depois da chuva porque as gotinhas de água que ficam no ar refletem a luz do sol.

O QUE MAIS PODE MOSTRAR AS CORES QUE EXISTEM ESCONDIDAS NA LUZ DO SOL? UM PRISMA! EXPERIMENTE SEGURAR UM PERTO DA JANELA E VEJA O QUE ACONTECE.

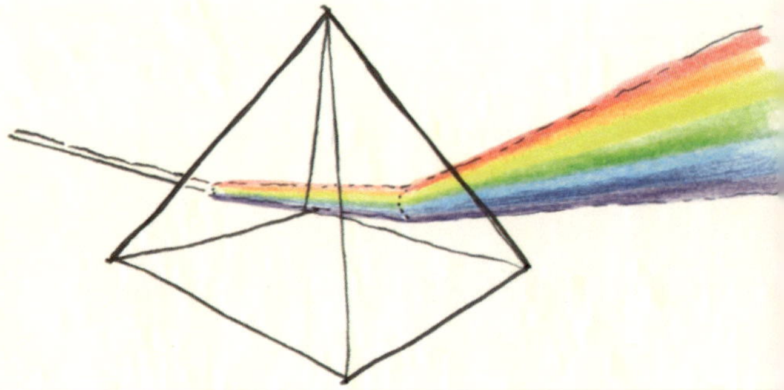

E não é só no nascer e no pôr do sol que dá para ver o quanto a luz do sol influencia a vida ao nosso redor. Conforme a luz vai mudando durante o dia, alguns bichos saem e outros se escondem, e até algumas plantas mudam de posição para seguir a luz.

As diferentes estações acontecem porque a terra gira em torno do sol e em torno dela mesma, e ainda dá uma balançadinha, o que deixa um pedaço dela mais perto ou mais longe do calor do sol de cada vez. Por isso que é quente no hemisfério sul quando é frio no hemisfério norte, e vice-versa. Quem está mais perto do sol tem verão, quem está mais longe, inverno. E tudo o que vive na Terra é influenciado por essa mudança, até a gente.

Nuvens

As nuvens são feitas de gotinhas minúsculas de água, às vezes com pedacinhos de gelo, misturadas com coisas como pólen, poeira e até poluição. Essa água que forma as nuvens chega no céu porque o calor do sol transforma a água de rios, mares, poças e o que mais estiver aqui embaixo em vapor. Como o ar quente é leve, esse vapor sobe até chegar numa altura em que está frio o bastante para virar água de novo e formar as nuvens que a gente vê.

SE VOCÊ DEIXAR UM PRATINHO RASO COM ÁGUA NO SOL, ELE VAI FICAR SECO.

Mas nem toda nuvem é igual, e nem toda nuvem significa chuva. Quem trabalha ao ar livre, como fazendeiros e pescadores, muitas vezes aprende a "ler" as nuvens para saber quando o tempo vai mudar e quando vem chuva, frio ou calor pela frente.

Você pode aprender a fazer isso também! É importante prestar atenção no vento e em como as nuvens vão mudando lá no céu. Você já reparou que existem diferentes tipos de nuvens?

Aqui estão alguns desses tipos, mas existem muitos mais!

CUMULUS

São aquelas nuvens branquinhas, que parecem chumaços de algodão. Em geral essas nuvens são sinal de bom tempo.

NIMBOSTRATUS

São nuvens bem escuras que parecem estar perto da terra, mas que, na verdade, estão muito altas. Normalmente elas chegam até a esconder o sol! São sinal certeiro de que vem chuva pela frente.

CUMULONIMBUS

São parecidas com as cumulus, mas muito maiores e em formato de bigorna. Ficam bem alto no céu e são sinal de chuva e trovoada.

E junto com as nuvens costuma vir chuva, e muitas vezes raios e trovões. O raio e o trovão acontecem ao mesmo tempo, mas como a luz viaja mais rápido que o som, muitas vezes a gente vê o raio antes de ouvir o trovão.

PRESTE ATENÇÃO DA PRÓXIMA VEZ QUE CAIR UMA TEMPESTADE: QUANTO MAIS DEMORAR PARA VOCÊ OUVIR O TROVÃO DEPOIS DE VER A LUZ, MAIS LONGE O RAIO CAIU.

Você explorando

Que tal passar alguns dias prestando atenção no sol e nas nuvens?

Aqui tem algumas ideias do que você pode observar e até fazer!

Preste atenção no nascer e no pôr do sol por alguns dias.

Quais são as cores que você vai ver?

(Vale a pena acordar cedo!)

O que tem de diferente entre as cores do começo e do fim do dia?

(Que tal colorir esta página com um pôr do sol, ou nascer do sol?)

Onde o sol nasce e onde ele se põe?

Você reparou que são em lados opostos?

(Será que alguém na sua família sabe o porquê?)

E que esses lugares mudam um pouco ao longo do ano?

Aqui vai uma ideia para um experimento: coloque um ramo de temperos, como tomilho, em um copo com água e deixe o copo um pouco escondido atrás de um livro ou outro objeto, perto de uma janela.

O que vai acontecer com as folhas e os galhos da plantinha?

Para que lado elas vão tentar crescer?

Você consegue adivinhar por quê?

(Você pode desenhar a sua planta no copo aqui!)

Você já sabe que as nuvens mudam ao longo do dia. Que tal registrar um dia inteiro na vida das nuvens onde você mora?

Como elas estão de manhã?

Como elas estão no final da tarde?

Por que será que elas mudaram?

Ventou?

Esquentou ou esfriou?

E se choveu, foi uma chuva forte ou fraca?

(Que tal desenhar uma nuvem de chuva chegando sobre a cidade?)

Passe um tempinho olhando para as nuvens e vendo com o que elas parecem.

Faça isso com um amigo, vocês vão ver coisas diferentes nas mesmas nuvens!

(Que tal desenhar aqui o que vocês viram?)

O CÉU À NOITE

Não é só de dia que coisas interessantes acontecem no céu. A lua e as estrelas que aprecem à noite são das coisas mais espetaculares que nós podemos ver, um show de luzes que mostra o quanto o universo é muito maior do que o nosso planetinha.

Lua

A lua também nasce e se põe, como o sol, mas às vezes é mais difícil de ver isso acontecer e ela não está igual todas as noites. Por quê?

A lua é um satélite que gira em torno da Terra. Apesar de às vezes ela parecer enorme, é bem menor do que a Terra e muito, mas muito menor do que o sol, e ela não produz luz.

A gente vê a lua como uma coisa que brilha porque ela está refletindo a luz do sol. Quando uma parte dela fica escura – como quando ela está crescente ou minguante – é porque a parte iluminada está de costas para nós. Entre a lua ficar toda escura (lua nova), toda brilhante (lua cheia) e escura de novo leva 29 dias e ela muda o tempo todo, assim:

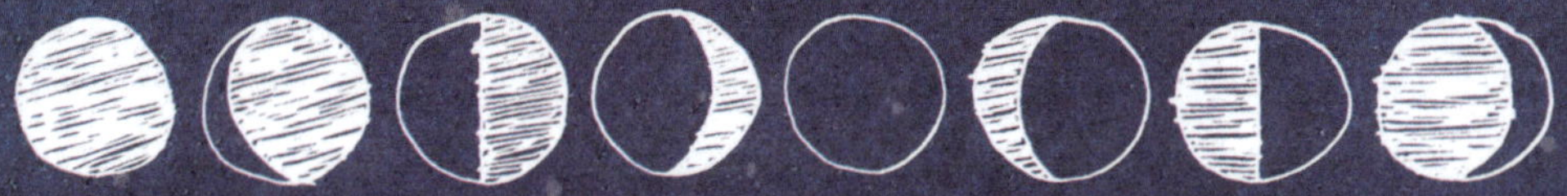

Estrelas

As estrelas parecem pequenininhas, mas muitas delas são maiores do que o nosso sol (o nosso sol também é uma estrela!), elas só estão muito, mas muito longe da gente e existem milhões delas no céu.

Se você estiver em um lugar com pouca luz artificial (fora da cidade) dá para ver o céu todo estrelado à noite, como milhões de pessoas que viveram antes de você viram antes de existir eletricidade.

Além de lindas, as estrelas também formam uma espécie de mapa, que exploradores e navegantes usaram (e muitos ainda usam!) para achar o caminho deles pela Terra. As constelações e algumas estrelas importantes, como a estrela polar (que a gente não vê aqui no hemisfério sul), serviram de guia para os primeiros marinheiros que levaram seus barcos para longe da costa.

Três das constelações que você pode ver no hemisfério sul são estas aqui:

Cometas, estrelas cadentes e planetas

À noite também é o melhor momento para ver estrelas cadentes, cometas e planetas.

Uma estrela cadente é um pedacinho de pedra que cai na Terra e queima quando entra na atmosfera, deixando um rastro de luz. É fácil de ver alguma numa noite sem lua, fora da cidade.

COMETAS

São como pedaços enormes de pedras (maiores que um país!) que circulam pelo sistema solar, eles não têm atmosfera e nem vida, mas de tempos em tempos um passa perto o bastante para se ver daqui da Terra.

O mais famoso é o cometa Halley, que a gente consegue ver a cada 76 anos (ele passa por aqui novamente em 2061).

PLANETAS

Muita vezes parecem estrelas, mas eles não emitem a própria luz. Do mesmo jeito que a lua eles refletem a luz do sol (por isso são um pouquinho diferentes das estrelas, que parecem pulsar).

UM PLANETA FÁCIL DE VER É MARTE, QUE TEM UMA COR AVERMELHADA.

CÃO MAIOR

(nesta constelação fica a estrela mais brilhante do céu, chamada Sirius)

Ver todas as estrelas, planetas cometas e outras coisas que aparecem no céu à noite ajuda a gente a lembrar de que a Terra é só um dos planeta no meio do sistema solar, que é só um sistema no meio da galáxia, que é só uma das galáxias no universo. Como a gente é pequenininho no meio de tanta imensidão e como ainda tem tanta coisa para ser descoberta universo afora!

Você explorando

Depois de olhar como o céu muda durante o dia, agora você pode fazer a mesma coisa com o céu noturno!

Que tal seguir as mudanças da lua por um mês inteiro?
Faça um desenho por semana aqui, sempre no mesmo dia, mostrando como ela está naquela noite.

Que outras coisas mudam com as fases da lua?
Os insetos que saem à noite mudam?

Se você mora perto do mar, o que acontece com as marés?

Que constelações você consegue ver no céu?

Que tal inventar algumas?
Você pode desenhá-las aqui.

Tente ver uma estrela cadente!

(É mais fácil onde não tem muita luz elétrica.)

Muita gente acredita que se você fizer um pedido quando vir uma estrela cadente, ele se realiza. O que você pediria?

TUDO O QUE É VERDE

Às vezes a gente olha para uma paisagem e pensa que as coisas verdes nela são tão paradinhas quanto as pedras, mas as plantas levam vidas muito agitadas! Elas interagem com o mundo o tempo todo, crescendo, se adaptando para as estações, atraindo insetos com flores e cheiros e até se mexendo e competindo umas com as outras!

Algumas plantas se mexem muito, como uma planta carnívora que fecha a "boca" para pegar o jantar, ou plantinhas como a maria-dormideira, que junta as folhas quando alguém encosta nela.

Grama

Muitas das coisas que a gente come são tipos de grama – da mesma família da graminha de jardim. Milho, bambu e trigo são alguns exemplos e, além de serem comida para tanta gente no mundo, as gramas também são importantes, porque as raízes desse tipo de planta são muito profundas e ajudam a manter a terra firme no lugar, mesmo quando chove muito.

Muitas das gramas que a gente vê em parques e jardins nem são daqui do Brasil; foram trazidas de fora por serem mais macias e gostosas de pisar.

GRAMA-SANTO-AGOSTINHO

De origem inglesa, é macia e delicada, mas não aguenta muito pisoteio.

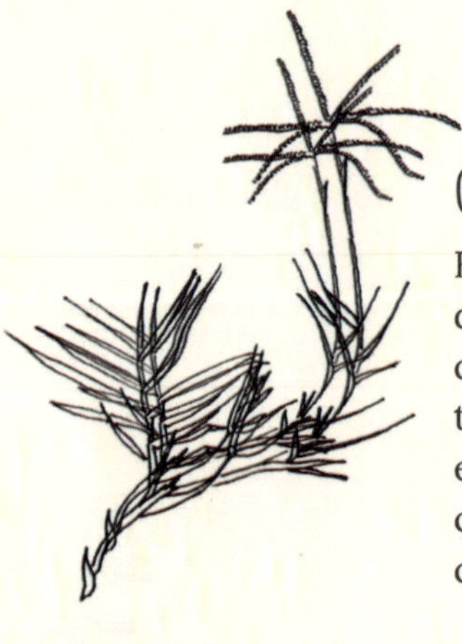

GRAMA-BERMUDA

É o tipo de planta mais comum do planeta, porque essa grama cresce horrores. Apesar de também ser considerada uma erva daninha, é a preferida para campos de golfe e para muitos campos de futebol.

GRAMA-SÃO-CARLOS

Provavelmente essa grama é aqui da América do Sul, da região sul do Brasil. É uma grama mais dura, que vive bem em lugares onde não bate muito sol.

Flores

Muitos tipos de plantas têm flores, e elas não existem só para deixar o mundo mais colorido e cheiroso. As plantas só fazem flores tão lindas e perfumadas porque elas atraem bichos como as abelhas, borboletas e até beija-flores.

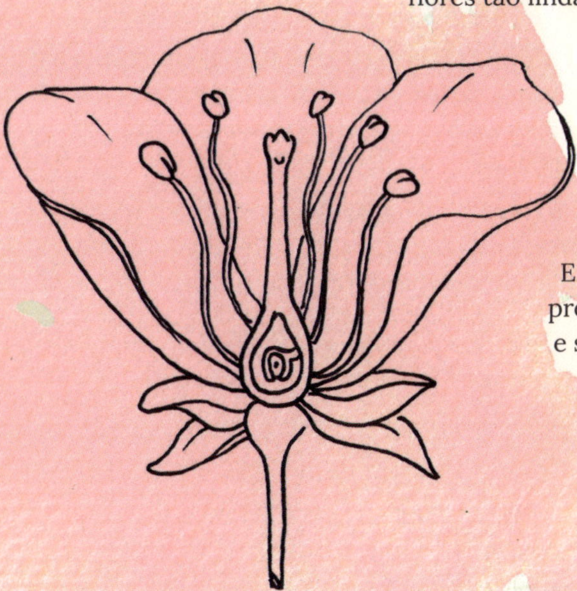

Esses bichos vão atrás de um pozinho que tem dentro da flor chamado pólen, ou de um líquido doce chamado néctar Quando eles pulam de uma flor para outra, vão misturando pólens de plantas diferentes nas flores.

E as plantas têm todo esse trabalho porque precisam dessa mistura de pólen para produzir frutas e sementes, que vão virar novas plantas e novas flores.

NEM TODA PLANTA DEPENDE DOS INSETOS PARA MISTURAR O PÓLEN. PARA ALGUMAS, O VENTO É O MELHOR AMIGO.

ORQUÍDEAS

Uma flor com formato bem diferente, que faz sucesso na decoração de casas. Na natureza, elas costumam crescer nos troncos e galhos de árvores, para ficar mais altas e mais próximas do sol.

DENTE-DE-LEÃO

Ela começa amarela brilhante, e depois fica branquinha. O dente-de-leão é a flor de uma erva rasteira, bem fácil de encontrar em gramados. Quando ela está sequinha e branca, você pode assoprar bem forte para espalhar as pétalas. No finzinho delas ficam as sementes, que vão cair no chão e virar novos dentes-de-leão.

ONZE-HORAS

Essa florzinha de cor forte é fácil de achar no sudeste e no sul do país. Ela tem esse nome porque costuma ficar fechada durante a noite e abrir as pétalas quando o sol está alto, lá perto do meio-dia.

Árvores

As árvores são os gigantes dos parques e jardins. Elas dão sombra, comida e casa para um monte de bichos, além de servirem de apoio para outras plantas crescerem enroladas nos seus troncos e galhos.

As raízes fundas das árvores também ajudam a manter a terra firme no lugar, e não cortar as árvores que estão perto de rios é essencial para que eles não sequem e desapareçam.

Aqui no Brasil, que é um país tropical, existem muitas árvores diferentes que você pode encontrar.

IPÊ-AMARELO

É uma árvore típica da América do Sul, que se enche de cachos de flores amarelas no final do inverno. Pode ficar enorme, com até 30 metros de altura, e vive bem feliz tanto numa floresta quanto num parque, ou numa calçada de cidade.

ARAUCÁRIA

Esse é um tipo de árvore muito antigo, uma das primeiras árvores que existiram no mundo! É mais fácil encontrar araucárias em lugares frios ou de serra. Preste atenção nas folhas da araucária caídas no chão – elas são bem diferentes das de outras árvores: duras e finas, quase como um espeto.

JATOBÁ

Uma das maiores árvores no Brasil, com uma copa larga que dá muita sombra. Essa árvore é considerada sagrada por vários povos indígenas. O fruto do jatobá é rico em ferro, e sua madeira é muito valiosa para a produção de móveis.

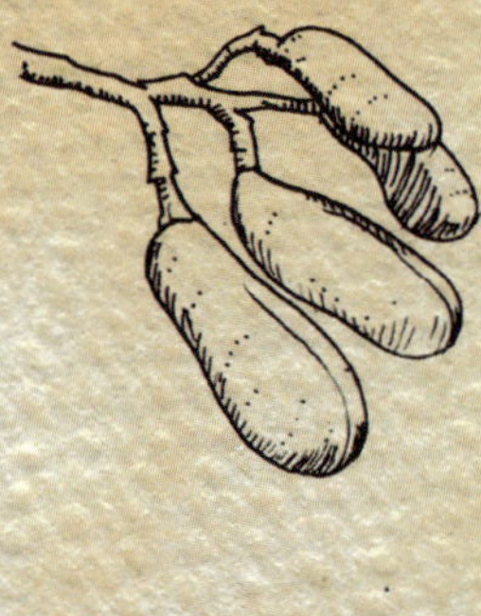

O que mais?

Existem muitos mais tipos de plantas (e até coisas que não são plantas!) que você pode encontrar nos parques e jardins.

SAMAMBAIAS

Um tipo de planta muuuito antiga, de antes de existirem gramas ou flores. Quando os dinossauros passeavam pela Terra, andavam em florestas de samambaias. Talvez tenha até uma na sua casa!

BROMÉLIAS

Quase todos os tipos de bromélias são nativos das Américas. Essas plantas de folhas grossas muitas vezes crescem apoiadas em outras plantas, e muitas delas formam "copinhos" com as folhas, para guardar a água das chuvas.

O ABACAXI É O FRUTO DE UMA BROMÉLIA!

COGUMELOS

Cogumelos não são plantas! Eles são fungos, um outro tipo de coisa viva. Eles gostam de lugares sombreados e úmidos, e alguns tipos crescem nos troncos das árvores. A gente come vários cogumelos, mas muitos também são venenosos! Sempre tenha cuidado quando for mexer em algum.

Você explorando

Tire alguns dias para descobrir o mundo verde a sua volta. Onde tem plantas, também tem animais, e eles dependem uns dos outros para sobreviver.

Repare como as folhas das plantas podem ser mais escuras ou mais claras.

O que as plantas de folhas escuras têm em comum?

Será que elas vivem mais na sombra ou no sol?

São grandes ou pequenas?

Têm flores ou frutos?

E as de folhas claras?

E o que os dois tipos têm de parecido e diferente?

Tente retirar uma plantinha de grama inteira do chão e desenhar aqui.

O que é maior, a raiz ou a parte verde?

(Pergunte antes para algum adulto se você pode cavar um buraco!)

Que flores tem perto da sua casa?

Elas estão lá o ano todo?

Quais são as favoritas das abelhas e borboletas?

Você consegue achar onde fica o pólen nelas?

Você pode colocar flores que ache bonitas ou interessantes entre as páginas do seu *Guia de Campo*, ou de outro livro. Com o tempo elas vão ficar sequinhas e você pode guardá-las pelo tempo que quiser.

(Imagine achar uma escondida num livro, muitos anos depois de você ter colocado a flor lá!)

Se você for num parque, quantas árvores diferentes você consegue ver?

Qual a mais alta?

Qual a mais comum?

Qual a sua preferida?

Repare que não só as folhas são diferentes nas árvores, a casca também pode ser mais fina ou mais grossa, e até o cheiro delas muda.

Por que você acha que isso acontece? Será que para cada árvore é melhor ser de um jeito? E como esse jeito ajuda a árvore a viver?

Procure bromélias em parques e jardins.

Alguns insetos (e às vezes até rãs) fazem casas nos “copinhos” de água dentro delas.

Você consegue achar algum?

(Cuidado para não colocar a mão nesses animais!)

Algumas plantas são fáceis de cultivar em casa!

Tente “plantar” um feijão em um algodão molhado. Você vai precisar de uns 5 chumaços de algodão, uma semente de feijão e um copo e água.

Molhe bem o algodão e coloque no fundo do copo. Coloque o feijão nesse ninho de algodão molhado e deixe em um lugar iluminado.

Não deixe o algodão secar. Em 3 dias já vai dar para ver uma raiz nascendo, e em 20 dias você deve passar seu pezinho de feijão para um vaso ou um jardim.

(Você pode desenhar aqui como o seu feijão passa de semente para plantinha!)

VIDA POR TODOS OS LADOS

Se você estiver em um parque ou jardim e não tiver ninguém muito perto, você acha que está sozinho?

Provavelmente não! Em torno da gente sempre tem um monte de bichos diferentes, dos pequenininhos como os insetos até os bem maiores como aves e mamíferos, todos cuidando de suas vidinhas. Não costuma ser fácil ver esses nossos vizinhos, porque a maioria dos animais prefere viver meio escondido para se proteger, mas se você souber como procurar vai descobrir que sempre tem um bicho mais perto de você do que parece.

Nem sempre a gente vai ver o bicho em si, às vezes vai ouvir o barulho (como o dos pássaros escondidos nas árvores) ou ver uma pegada (será que tinha uma capivara perto do lago?), ou até achar o resto do casulo de uma borboleta que agora está voando por aí.

Pegadas de capivara

Insetos e outros bichos rastejantes

Alguns dos animais mais fáceis de ver são insetos e outros bichos pequenininhos. Insetos são o grupo com mais variedade de animais no mundo, mais ou menos 80% das espécies na Terra – isso quer dizer que em cada 10 tipos de bichos 8 são insetos!

Além de serem tantos e estarem por todo lado, os insetos são muito importantes para a saúde do mundo. Eles ajudam a polinizar as plantas (que é como elas se reproduzem), comem muita coisa estragada e ainda são comida para um monte de outros bichos.

INSETOS NÃO TÊM OSSOS, ELES TÊM UMA CASQUINHA DURA QUE SE CHAMA EXOESQUELETO, E RESPIRAM POR BURAQUINHOS NA PELE/CASCA. ALGUNS TIPOS DE INSETO TÊM QUE TROCAR ESSA CASQUINHA QUANDO CRESCEM, E DEIXAM AS VELHAS PARA TRÁS. É FÁCIL ACHAR CASQUINHAS DE CIGARRAS, POR EXEMPLO!

Procure por insetos e outros bichos rastejantes no chão, nos arbustos e nas árvores, mas tenha cuidado, principalmente com aqueles que preferem ficar escondidos embaixo de pedras ou troncos. O bicho que está escondido muitas vezes toma um susto com você e pode picar para se defender. Além de uma picada doer bastante, alguns desses animais podem ser venenosos.

FORMIGAS

Formigas são dos insetos mais fáceis de se ver. Além de andarem em fila por aí, muitas delas fazem casas que parecem montinhos de terra – os formigueiros.

Esses montes são só o teto do formigueiro, para baixo tem uma cidade inteira de túneis e caverninhas, que é onde as formigas passam a maior parte do tempo.

Nem todo formigueiro é igual, algumas formigas preferem viver em troncos de árvores ou buracos no chão (às vezes até na sua casa). Mas todas as espécies de formiga vivem em sociedades organizadinhas, com um **rainha,** que é mãe de todas elas, e com trabalhadoras que podem ser um pouco diferentes umas das outras, dependendo do trabalho que elas fazem.

Os dois tipos de trabalhadoras mais fáceis de identificar são as **operárias** e as **soldados**. As primeiras são as mais comuns, que você vai ver correndo em fila, carregando comida e cuidando do formigueiro. As soldados são um pouco maiores e o trabalho delas é proteger o formigueiro e as operárias.

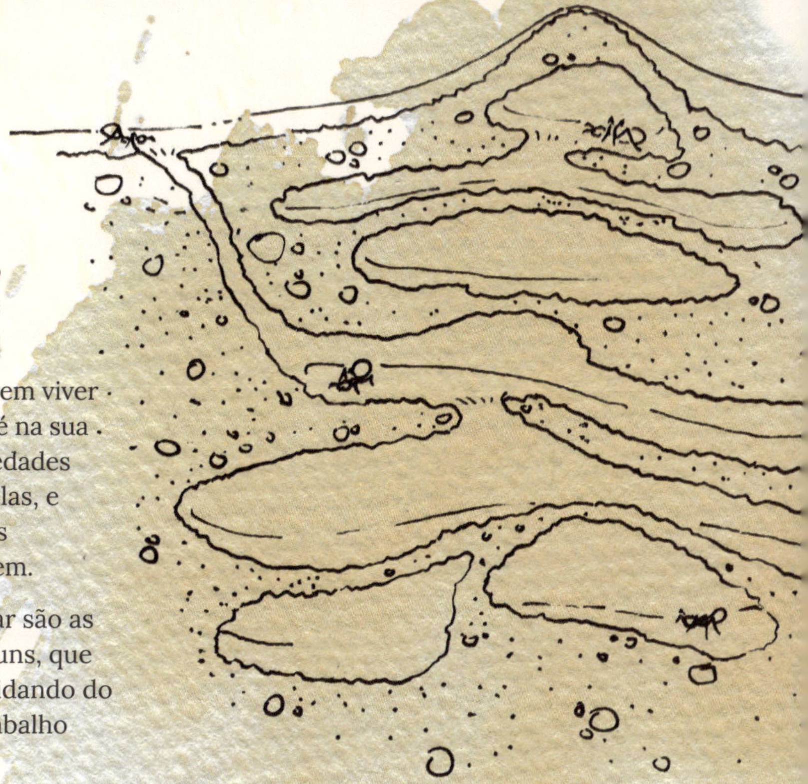

AS FORMIGAS QUE VOAM E QUE A GENTE VÊ NO VERÃO SÃO NOVAS RAINHAS QUE FICARAM ADULTAS EM ALGUM FORMIGUEIRO E SAÍRAM PARA FAZER SUA CASA. DEPOIS DE UM TEMPO ELAS PERDEM AS ASAS E COMEÇAM O TRABALHO DE FAZER UMA NOVA FAMÍLIA DE FORMIGAS.

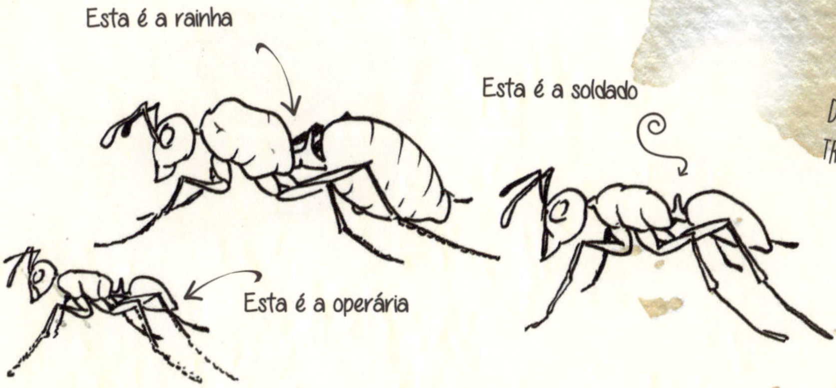

As formigas são praticamente cegas, mas acham o caminho e a comida pelo cheiro que elas sentem com as antenas. Antes de formar aquelas filinhas organizadas, algumas formigas saem procurando comida por aí; quando elas acham alguma coisa, voltam e avisam as irmãs, tocando as anteninhas.

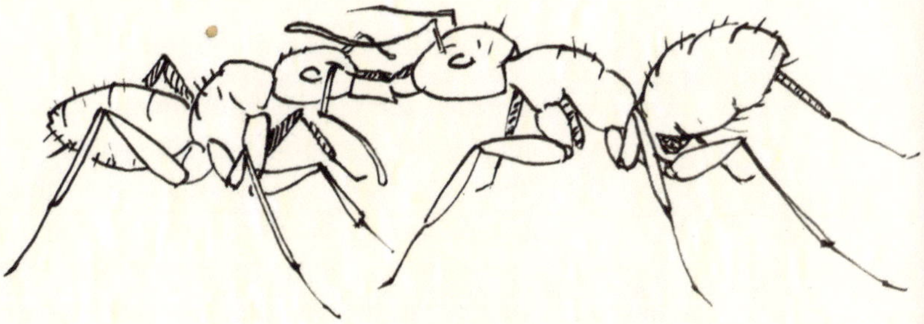

Formigas podem comer coisas bem diferentes dependendo da espécie: algumas são carnívoras e comem outros insetos, outras são onívoras (como a gente) e podem comer praticamente de tudo, e tem outras ainda que plantam a própria comida!

Formigas como a **saúva** (que é o terror de plantações e de muitos jardineiros) cortam pedaços de folhas e levam para dentro de suas casas, e podem deixar um planta “pelada” em poucas horas. E elas não comem essas folhas todas, isso serve de adubo para a verdadeira comida delas, um tipo de cogumelo que as saúvas cultivam dentro de cavernas nos seus formigueiros.

BORBOLETAS E MARIPOSAS

Esses dois tipos de insetos são parentes, mas não são a mesma coisa!

O jeito mais fácil de saber qual é qual é ver como as asas delas ficam quando estão paradas: as borboletas param com as asas coladinhas uma na outra, e as mariposas, com as asas bem abertas.

Outra diferença é que a maioria das mariposas é noturna e tem cores escuras ou sem graça, já as borboletas são diurnas e a grande maioria é supercolorida. Mesmo com essas diferenças esses "primos" têm vidas muito parecidas.

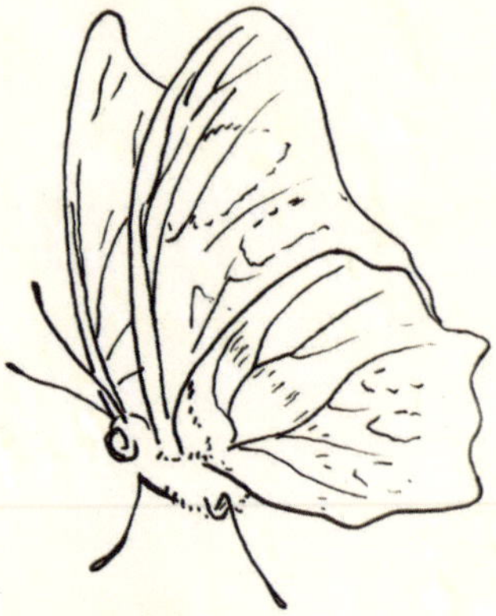

Esses animais são muito interessantes porque mudam completamente de corpo no meio da vida! As borboletas começam como ovinhos (até aí nada de mais, quase todo inseto é assim), mas o que sai do ovinho é uma lagarta.

São essas lagartas gordinhas, às vezes coloridas, às vezes peludas, que a gente vê se empanturrando de folhas nos jardins, que vão virar borboletas e mariposas.

E essas lagartas comem tanto, porque têm que juntar muita energia para passar por uma transformação incrível. Quando a lagarta está pronta para virar borboleta (ou mariposa) ela procura um lugar escondido, atrás de uma folha ou galho, se pendura de cabeça para baixo e fica bem quietinha.

A casquinha de fora dela vai endurecer e virar um casulo, por dentro o corpo da lagarta vai mudar completamente até virar borboleta ou mariposa. Esse processo dura umas duas semanas; depois desse tempo a nova borboleta quebra a casca e sai voando por aí.

EXISTEM MUITOS MOTIVOS PARA AS BORBOLETAS SEREM COLORIDAS: MUITAS DELAS SÃO VENENOSAS PARA COMER, E AS CORES SÃO UM AVISO PARA PREDADORES. OUTRAS IMITAM AS CORES DE BORBOLETAS VENENOSAS (ESPERTINHAS!). E AINDA EXISTEM ALGUMAS COM DESENHOS NAS ASAS QUE PARECEM OLHOS GRANDES, O QUE FAZ OUTROS BICHOS PENSAREM QUE ELAS SÃO ENORMES.

AS CORES DAS LAGARTAS E DAS BORBOLETAS QUE ELAS VIRAM SÃO MEIO PARECIDAS.

Apesar de comerem folhas quando são lagartas, esses insetos se alimentam do néctar das flores quando viram borboletas ou mariposas. Por isso, são importantes para a reprodução das plantas, além de deixarem todo lugar mais bonito e colorido.

ABELHAS

As abelhas levam uma vida muito parecida com a das formigas:

Este é o pólen

elas também vivem numa sociedade organizada, com uma rainha que põe todos os ovos e operárias que cuidam de todo o trabalho de manter a casa e trazer comida.

Enquanto as formigas procuram comida andando por aí, as abelhas voam de flor em flor para juntar néctar e pólen que elas levam de volta para a colmeia (esse é o nome da casa das abelhas). Com algum cuidado dá até para ver como as abelhas carregam o pólen, elas prendem esse pó nas patas de trás, formando bolinhas amarelas.

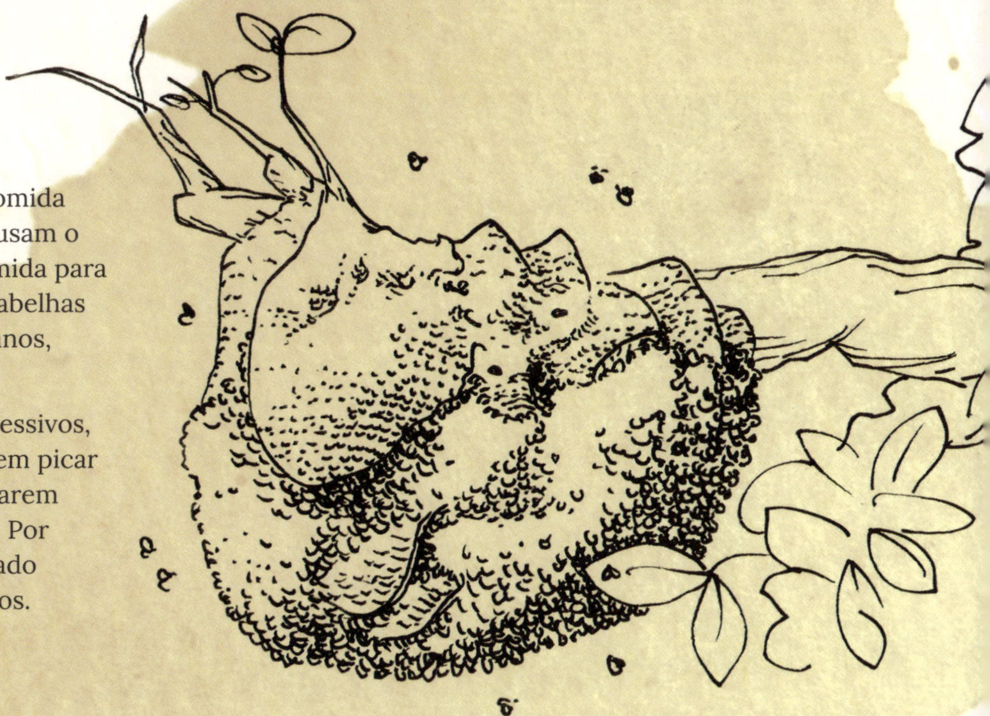

O pólen e o néctar servem de comida para as abelhas, e elas também usam o néctar para fazer mel, que é comida para as abelhas bebês, para todas as abelhas no inverno e até para nós, humanos, e outros animais gulosos.

Apesar de não serem bichos agressivos, as abelhas têm um ferrão e podem picar se ficarem assustadas ou se acharem que a casa delas está em perigo. Por isso, é bem importante ter cuidado quando for observar esses insetos.

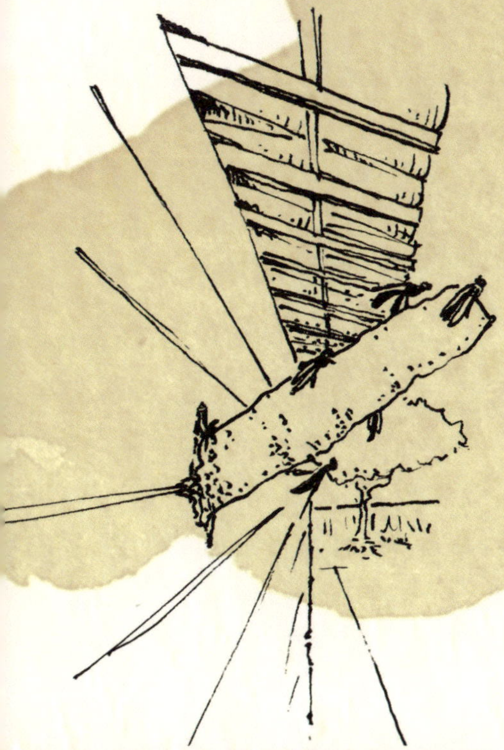

Abelha jataí

A abelha listrada de amarelo e preto que a gente vê muito por aí é um tipo que produz bastante mel, e que por isso foi trazida para o Brasil da Europa e África. Mas existem muitos outros tipos de abelhas, inclusive algumas que são típicas do Brasil, como a jataí, que não tem ferrão e também faz um mel muito gostoso.

DÁ PARA VER COLMEIAS DE JATAÍ ATÉ NAS CIDADES GRANDES; A PORTA DE ENTRADA PARECE UM TUBINHO MEIO TRANSPARENTE SAINDO DE UM TRONCO OU DE UMA PAREDE.

viúva-negra

ARANHAS

Aranhas não são insetos; seus parentes mais próximos são escorpiões, carrapatos e até ácaros (que são minúsculos). Um jeito fácil de ver a diferença entre aranhas e insetos é que os insetos têm 6 pernas e as aranhas e seus parentes, 8.

aranha-lobo

Elas são grandes caçadoras e grandes construtoras! Muitas delas fazem **teias** (que você já deve ter visto), uma armadilha genial para pegar bichinhos voadores. A aranha faz a teia com uma espécie de babinha que ela produz e que vira um fio flexível e muito forte. Quando algum inseto cai na teia, ela sente a rede vibrar e corre para cima dele!

E nem toda aranha faz teias; algumas, como as tarântulas, fazem casinhas em buracos e ficam esperando algum bicho distraído passar perto delas. Outras, ainda, saem andando por aí procurando o que comer. E como comem insetos e outros bichinhos, elas são muito importantes para o controle de pragas e para manter o equilíbrio da natureza. Imagine quantas moscas teria por aí se de vez em quando algumas não virassem almoço de aranha?

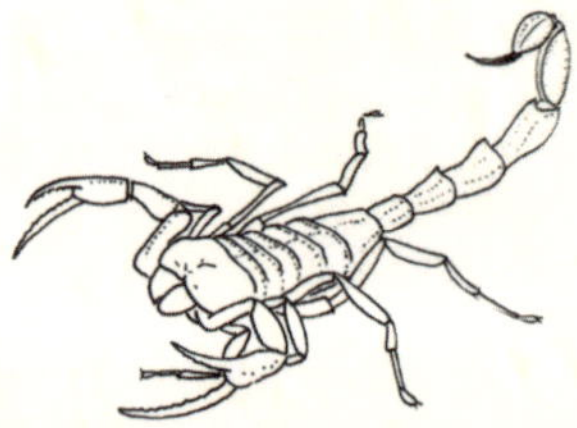
escorpião

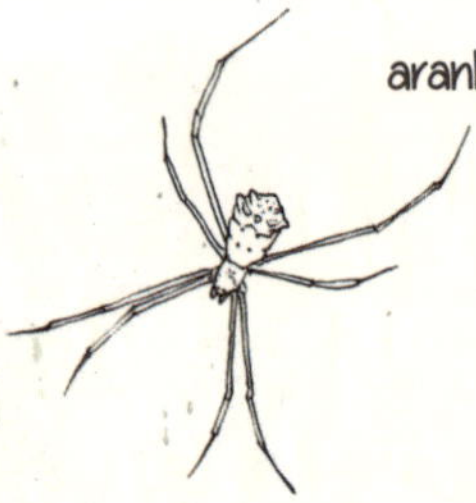
aranha-de-prata

MUITAS ARANHAS SÃO VENENOSAS, OU PELO MENOS TÊM UMA PICADA BEM DOÍDA. É PRECISO CUIDADO E RESPEITO PARA OBSERVAR ESSES BICHOS PERNUDOS.

E QUE OUTROS BICHOS?

Existem muitos outros insetos e bichos rastejantes para você observar!

Preste atenção nos **caracóis** que carregam sua própria casinha, nas **joaninhas**, que são um tipo de besouro e são carnívoras, e em outros tipos de **besouros** – estes são alguns dos insetos mais comuns no mundo.

Cavando um pouquinho na terra você acha **minhocas**. Escondidos embaixo de galhos e pedras existem muitos bichinhos diferentes, como o **tatuzinho-bola** (que é um tipo de crustáceo, parente das lagostas e camarões), que tem uma armadura dura e se enrola formando uma bolinha quando está com medo.

Com um pouco de paciência você vai descobrir um monte de criaturas estranhas, divertidas e muito curiosas.

Aves

Quase todo mundo já olhou para um passarinho e se perguntou como deve ser a sensação de voar por aí. Esses bichos emplumados fazem parte da nossa paisagem e das nossas estórias, e mesmo sendo muito estudados ainda tem um monte de coisa que nós não sabemos sobre eles.

As aves também estão no mundo há muito tempo; elas são descendentes dos dinossauros, e tem até alguns cientistas que preferem chamar esses bichos de "dinossauros aviários", para deixar essa ligação ainda mais clara.

Pense nisso da próxima vez que você encontrar um pássaro por aí. O jeito como eles se mexem e o comportamento deles provavelmente é bem parecido com o dos monstrões de antigamente. De certa forma, um tiranossauro-rex era só uma galinha muito grande.

BEIJA-FLOR

O beija-flor é um pássaro muito diferente, preste atenção da próxima vez que você vir um: ele consegue voar parado, para cima, para baixo e para os lados. O voo de um beija-flor mais parece o voo de um inseto como a abelha.

Para conseguir fazer isso, esse pássaro tem que bater as asas muito rápido; algumas espécies de beija-flor batem as asas 80 vezes em 1 segundo! Tão rápido que nem dá para ver. O coração do beija-flor também bate muito rápido, e ele respira muitas vezes por minuto – se o coração dele batesse mais devagar, ou se ele respirasse menos, seus músculos não receberiam a energia e o oxigênio necessários para toda essa velocidade.

E não é só o jeito de voar que o beija-flor e as abelhas têm em comum. Essa ave também se alimenta do néctar das flores e ajuda as plantas a se reproduzir. O beija-flor pode comer pequenos insetos como mosquitos, mas o néctar é muito importante para ele porque é cheio de açúcar, o que dá energia extra para esse passáro voar tão rápido.

O beija-flor e as flores têm uma relação tão próxima que algumas espécies do pássaro têm bicos que foram se adaptando para pegar o néctar de algumas espécies de flores – normalmente flores que parecem "copinhos", e essas flores também foram se adaptando para ficar mais atraentes para esses beija-flores. Uma dança entre dois seres vivos que continua até hoje.

BEM-TE-VI

O nome engraçado desse pássaro é uma onomatopeia do seu canto. Na verdade o bem-te-vi não é um pássaro curioso que passa o dia espiando todo mundo, a gente é que entende o canto como se o bicho estivesse dizendo "bem te vi!".

Em outras línguas seu nome também é uma onomatopeia do que as pessoas entendem: por exemplo, em inglês ele se chama *kiskadee*.

Esse pássaro é um dos primeiros a cantar quando o dia começa, principalmente na primavera você consegue ouvir os bem-te-vis cantando logo ao amanhecer. E é uma das aves mais comuns de se ver nas cidades. Não é difícil achar um ninho de bem-te-vi em postes de luz, e em dias quentes esses passarinhos adoram se refrescar em fontes, poças de água e até em piscinas.

ONOMATOPEIA É UMA PALAVRA QUE TENTA COLOCAR POR ESCRITO UM SOM QUE A GENTE OUVE. ESCREVER "AU-AU" PARA O LATIDO DO CACHORRO OU "MIAU" PARA O MIADO DO GATO É FAZER ONOMATOPEIAS. VOCÊ CONSEGUE PENSAR EM MAIS ALGUMA?

E apesar de bonitinho, o bem-te-vi é um pássaro bem bravo que defende seu território e seu ninho de outros bichos, mesmo que sejam bem maiores do que ele. Até um gavião vai tomar uma surra de um bem-te-vi se chegar muito perto da casa desse passarinho.

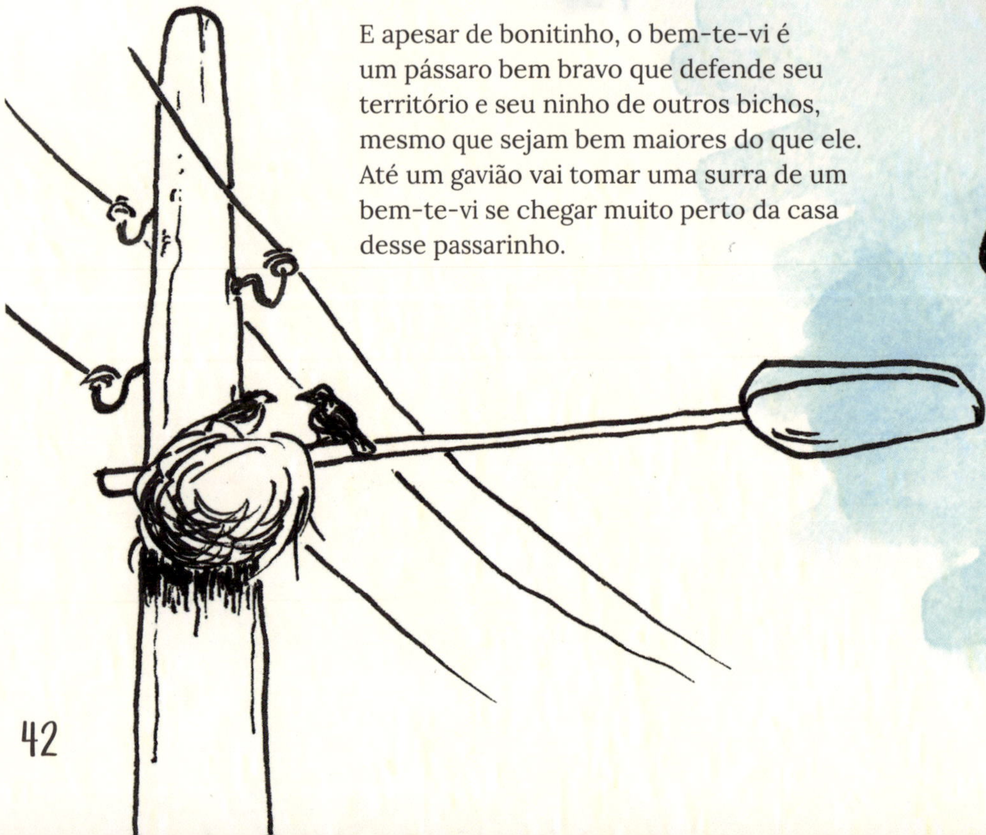

PAPAGAIOS E PERIQUITOS

Papagaios, araras, periquitos e outras aves parecidas fazem parte da mesma família, e o nome mais correto para esse grupo é **psitacídeos**.

Apesar de existirem muitas espécies nessa família, todas são meio parecidas; com penas coloridas, bicos grandes e curvados e patas muito especiais. Os pés dessas aves são fortes e flexíveis: um papagaio consegue se pendurar de cabeça para baixo se quiser, e usa os pés para levar comida até a boca.

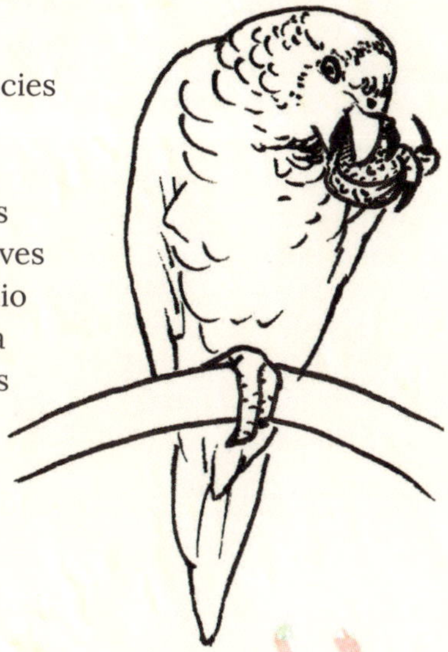

Esses bichos costumam ser muito sociáveis e gostam de viver em grandes bandos que podem chegar a ter mais de 100 indivíduos (apesar de ser difícil ver um grupo grande assim numa cidade). Mesmo que você não veja o bando, com certeza vai saber que eles estão perto pelo barulho!

Papagaios e seus parentes são muito barulhentos e também são campeões de imitação. Não só eles conseguem aprender a "falar" algumas palavras como também podem imitar barulhos de outros animais ou até sons de buzinas ou de eletrodomésticos.

Os psitacídeos comem muitas sementes e frutas, por isso árvores frutíferas como mangueiras, paineiras, jabuticabeiras, goiabeiras, laranjeiras e mamoeiros são as preferidas dessas aves. E além de colorirem e alegrarem a cidade com sua gritaria, essas aves ajudam a espalhar as sementes das suas frutas preferidas por aí – o que cria novas árvores para todos nós aproveitarmos.

Répteis e anfíbios

Répteis são bichos como cobras, lagartos, tartarugas e crocodilos. Tem réptil de tudo que é forma e tamanho, e isso não é por acaso; esses bichos existem há muuuito tempo, são de antes dos dinossauros.

Os **anfíbios** são mais antigos ainda – são criaturas como sapos e rãs, e o que eles têm de especial é que conseguem tirar oxigênio tanto da água quanto do ar. Os anfíbios normalmente têm que viver perto da água ou pelo menos em um lugar muito úmido.

Além de muito antigos, esses dois tipos de bicho têm outra coisa em comum: répteis e anfíbios têm **sangue frio** – isso quer dizer que eles não produzem o próprio calor como nós, mamíferos, ou como os pássaros (se você encostar em um deles, vai reparar que a pele é fria). Por isso eles gostam de passar horas se esquentando no sol e guardando calor e energia para quando precisarem.

LAGARTIXA

Esses répteis pequenininhos moram em muitas casas, às vezes é até mais fácil ver um na sua cozinha do que na natureza! Isso acontece porque as lagartixas se adaptaram muito bem a viver junto dos humanos, e elas podem até ser úteis para nós.

Lagartixas são carnívoras, e comem vários tipos de insetos e até aranhas e escorpiões. Muitas lagartixas inclusive aprendem a ficar escondidas perto de luzes externas, que atraem insetos voadores à noite. Toda essa gula ajuda a diminuir a quantidade de bichos que são pragas (como as baratas) ou que podem passar alguma doença (como os mosquitos).

Mesmo sendo um predador, às vezes a lagartixa tem que fugir de bichos maiores. Para fazer isso, ela tem um truque espetacular; esse lagarto consegue deixar o próprio rabo pelo caminho – a ideia é que o predador resolva comer só o rabo e dê uma chance para ela fugir. Depois de um tempo cresce outro rabo no lugar, mas não fica igual ao antigo. Normalmente ele é menor e um pouco tortinho.

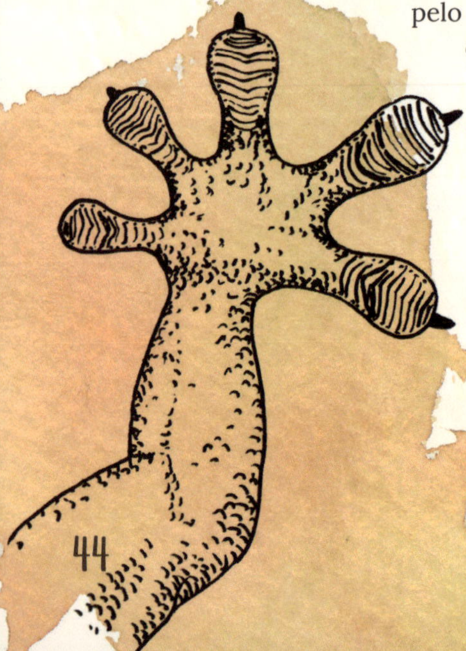

Além do truque com o rabo, a lagartixa também tem o superpoder de subir em qualquer tipo de parede, e essa habilidade é muito estudada. A maioria de nós se acostuma a ver esse bicho escalando paredes e até janelas de vidro e nem para pra pensar no quanto isso é incrível!

Mas as patas das lagartixas são únicas na natureza, e muitos cientistas têm estudado como elas fazem para grudar em qualquer coisa. Quem sabe no futuro nós não teremos luvas-lagartixas para subir pelas paredes também?

SAPO-CURURU

Esse é o nome pra toda uma família de sapos. Isso quer dizer que nem todo sapo que a gente chama de "cururu" é da mesma espécie, mas todos são meio primos e têm muitas coisas em comum.

E onde você pode encontrar esse feiosinho? O cururu prefere viver em lugares mais abertos, como gramados (eles adoram um jardim!), e não gosta nem um pouco de nadar. Esse sapo só vai para a beira do rio para colocar os ovinhos, que virarão girinos.

Todos os sapos começam a vida como girinos, que parecem peixinhos, e aos poucos vão se transformando no bicho final; com o cururu também é assim. Depois que ele vira sapo sai pulando por aí, procurando coisas gostosas para comer.

Esses sapos são maiores que um filhote de gato, marrons e com a pele bem rugosa, como se estivesse cheia de calombos. Para a gente, o cururu pode parecer feioso, mas toda essa esquisitice serve para ele se camuflar – o cururu pode parecer uma pedra, um pedaço de madeira ou até parte de uma poça de lama!

OS GIRINOS LEVAM ATÉ 60 DIAS PARA VIRAR SAPOS, E VÃO MUDANDO AOS POUQUINHOS, MAS OU MENOS ASSIM.

Se a camuflagem falhar, o cururu tem uma outra defesa: ele é muito venenoso. A pele é coberta por veneno, e ele tem glândulas ao longo do corpo que soltam um líquido esbranquiçado que é muito, muito perigoso.

Isso significa que você tem que ter respeito por esse sapo – fique sempre um pouco distante e nunca toque nele.

QUASE-PARADOS, PULA-PULAS E CORREDORES

Existem muitos outros répteis e anfíbios que você pode encontrar num parque ou num jardim (ou até no zoológico!).

perereca

rã

As **rãs** e as **pererecas** também são anfíbios. Rãs são praticamente aquáticas e têm membranas entre os dedos para nadar melhor.

Pererecas são as menores dos três, com olhos saltados, membros alongados e dedos compridos. Vivem entre galhos e são boas escaladoras e saltadoras.

Répteis, como os **cagados** e os **jabutis** (que são parentes das tartarugas), costumam ser bichos de estimação. Os cágados vivem na água doce e os jabutis, na terra. Eles andam devagar quase parando e carregam a casa nas costas como proteção. Esses bichos vivem muitos anos, e tem gente com um na família desde o tempo da avó!

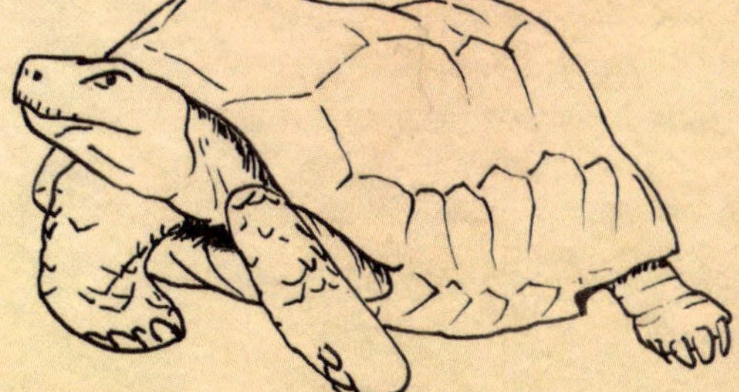

jabuti

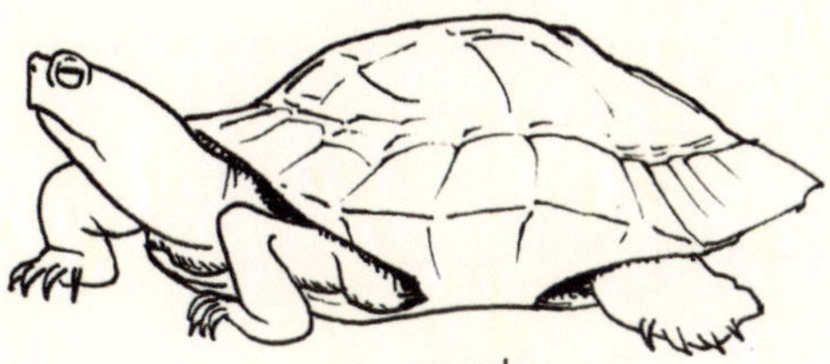

cagado

Outros répteis que vivem perto da gente são lagartos, como as várias espécies de **calangos**, que adoram passar horas tomando sol, mas que fogem correndo como loucos se alguém chegar perto.

calango

Mamíferos como a gente

Nós, humanos, somos um tipo de bicho chamado mamífero. Quando os mamíferos são bebês, eles se alimentam só do leite da mãe. Muitos outros animais, como os cachorros, as girafas, as baleias-azuis e até os ursos-polares, também são mamíferos – nós temos primos de tudo que é tamanho e em tudo quanto é lugar!

E é claro que muitos mamíferos vivem com a gente nas cidades, parques e jardins; não só os de estimação, como gatos e cachorros, mas também animais selvagens. A sua volta vivem ratos (eca!), morcegos, gambás, porcos-espinhos, macacos e até bichos enormes, como as capivaras. Será que eles são campeões de esconderijo, ou nós é que não sabemos procurar direito?

CAPIVARA

As capivaras podem parecer parentes dos porcos, afinal são quase uns botijõezinhos peludos com 4 patinhas, mas elas são os maiores roedores do mundo! Capivaras são parentes meio distantes dos ratos, e parentes mais próximas de bichos como os hamsters e os porquinhos-da-índia.

As capivaras são mesmo enormes; chegam a ter mais de um metro de comprimento e podem pesar 90 quilos! Mais pesadas que um cachorro grandão. Mas mesmo com todo esse tamanho esses bichos são herbívoros, só usam os dentões para comer grama, arbustos e alguns tipos de plantas aquáticas. E elas comem muito; uma capivara pode comer mais de 3 quilos de coisas verdes por dia!

OS DENTES DA FRENTE DOS ROEDORES NUNCA PARAM DE CRESCER. COMO ESSES ANIMAIS USAM MUITO OS DENTES, SE ELES PARASSEM DE CRESCER O BICHO FICARIA BANGUELA RAPIDINHO.

E por que plantas aquáticas? As capivaras adoram água e são ótimas nadadoras. Elas gostam de passar o dia se refrescando em rios, lagos, pântanos e represas, e aproveitam o fresquinho do fim da tarde e do começo da manhã para pastar. Esses bichos também gostam de viver em grupos que têm em média de 10 a 20 capivaras, quase sempre com alguns bebês se enroscando nas pernas das mães.

Mesmo em cidades grandes você consegue ver esses animais, e eles são bem tranquilos e gentis. As capivaras são tão boazinhas que muitos pássaros usam essas grandonas de poleiro para descansar ou pegar uma carona até o outro lado do rio.

ESQUILOS

Esses bichinhos com caudas fofinhas e caras simpáticas também são roedores como as capivaras, mas muito menores. E esses danados vivem em quase todo lugar do mundo; existem esquilos em grandes cidades, desertos e todo tipo de floresta – eles só não chegam nas regiões muito frias, perto dos polos.

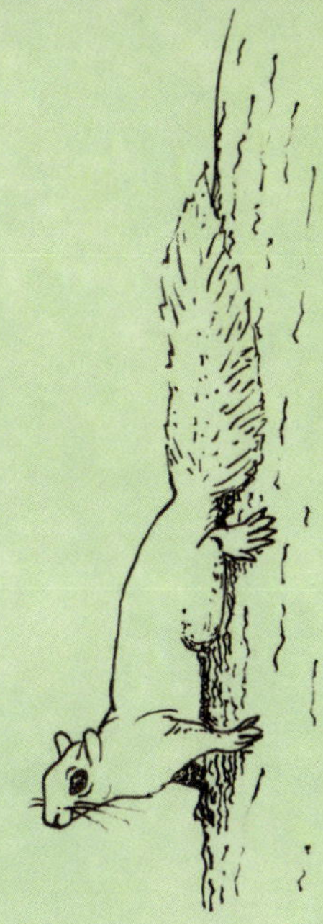

Aqui na América do Sul nós também temos várias espécies de esquilo, e uma das mais comuns é o **caxinguelê**; um esquilinho que tem uns 30 centímetros de comprimento (do tamanho de uma régua), que adora comer frutas e coquinhos, mas que também pode abocanhar algum inseto desprevenido se estiver com muita fome.

O caxinguelê é um esquilo arborícola (essa palavra quer dizer "que vive em árvores"), e é todo adaptado para essa vida. Ele tem pés que giram para se agarrar melhor nos troncos – é por isso que os esquilos conseguem descer das árvores com a cabeça para baixo (são os únicos mamíferos que fazem essa acrobacia), enxerga muito bem e é um grande saltador. Ele pode dar pulos de mais de 5 metros de um galho para o outro, e só desce no chão para enterrar nozes e coquinhos.

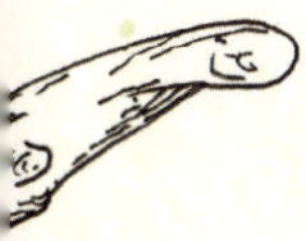

Esse é um costume de quase todo esquilo que vive em árvores, eles enterram sementes e castanhas para comer depois, e como nem sempre lembram onde ficou o tesouro, muitas delas continuam no chão e viram novas árvores. Por isso esse tipo de animal é muito importante para a vida das florestas, dos parques e de tudo mais que for verde e cheio de árvores.

SÓ ISSO?

Existem muitos outros mamíferos interessantes ao nosso redor!

Em muitas cidades você pode encontrar **micos** e outros macaquinhos. Lembre-se de não alimentar esses bichos (nossa comida pode fazer mal para eles), mas repare em como eles se parecem conosco, humanos. Nós somos primos próximos, e dá para ver que a família é toda meio parecida.

Cachorros e **gatos** também podem ser muito interessantes de observar! Veja como os gatos se comportam como feras, dá para imaginar que são mini-tigres vivendo em minisselvas na sala de casa. Se você puder, vá até um parque de cães e veja como esses animais sociáveis conseguem se comunicar não só com outros cachorros, mas com as pessoas também.

Num parque você pode cruzar com um **saruê**, uma espécie de gambá que parece um rato enorme e que vive escondido nas árvores. Só não chegue muito perto porque, além de serem bem fedidos, esses bichos podem morder ou arranhar se ficarem com medo.

E não esqueça de outro mamífero bem comum em toda cidade, os humanos. Nós também somos bichos e temos nossos hábitos, horários e lugares preferidos, como todo animal. É só prestar atenção que você vai perceber o quanto estamos próximos de todos os outros primos peludos com quem dividimos o mundo.

Você explorando

Tem tanta vida e tanto bicho a nossa volta que pode até parecer difícil escolher o que observar! Mas o bom de ter tantas opções é que você pode descobrir coisas incríveis até na sua casa, se quiser.

Formigas e outros insetos são muito interessantes e estão em praticamente todo lugar.

Quais você conhece?

Você já encontrou algum que não conhece?

Como você descobriria sobre a vida desse inseto novo, sem perguntar nada para ninguém?

Que tal registrar sua pesquisa aqui?

(Que nome você daria para o seu inseto?)

Se você estiver num lugar com flores, que insetos são atraídos por elas?

Será que tem um monte de borboletas e abelhas?

Quais flores atraem mais borboletas?

Quais são as preferidas das abelhas?

Que hora do dia é mais fácil de ver esses bichos voadores?

(Que tal desenhar ou colar uma dessas flores aqui?)

Será que você consegue achar uma colmeia de jataí perto de onde você mora?

(Que tal desenhá-la aqui?)

Será que as jataís preferem flores diferentes das outras abelhas?

Como você poderia fazer para descobrir?

(Se tiver uma chance, experimente o mel de jataí, ele é mais escuro que o mel das abelhas europeias e tem um sabor diferente.)

Aqui tem algumas asas de borboleta em branco para você colorir com as cores das borboletas que vivem perto de você!

(Vale inventar também!)

Será que você vai cruzar com lagartas nas suas explorações?

(Cuidado, muitas delas são venenosas, especialmente as peludas. Não toque nesses bichos!)

Como elas são?

O que elas comem?

Que tal desenhar uma aqui?

Se você der sorte, pode encontrar um casulo!

Será que você consegue ver a borboleta nascendo?

E como você acha que era a lagarta que virou esse casulo?

(Muitas aranhas são venenosas ou têm uma picadas dolorida. Não toque ou provoque esses animais, eles devem ser vistos de alguma distância, e sempre converse com um adulto antes de observar um deles.)

Procure teias de aranha!

Onde as aranhas ficam nas teias?
Bem no meio ou nos cantinhos?

Você acha que faz diferença?

O que acontece se um bicho cair na teia?

Que outros insetos vivem perto de você?

Desenhe os seus preferidos, ou tente descobrir como é a rotina desses bichinhos e anote tudo aqui.

Você pode procurar por girinos na beira de lagos e riachos!

Se você achar alguns, que tal ir até lá todo dia e desenhar aqui como eles vão mudando?

Que répteis você consegue ver perto de onde você mora?

(Algumas têm a pele tão fininha que ficam transparentes!)

Será que tem lagartixa na sua casa?

Alguém na sua família ou algum amigo têm um cágado ou um jabuti?

O que eles gostam de comer?

Se você puder encostar neles, como é a pele?

Como é a casca?

Que tal desenhar o bichinho aqui?

Quais são os pássaros que você consegue ver na sua cidade?

Se você parar para contar, serão muitos mais do que você imagina!

Repare que nem todos cantam no mesmo horário.

Qual canta mais cedo?

Qual canta no final do dia?

O que eles têm de diferente?

Onde você acha que as aves fazem casa?

Algumas fazem ninhos, mas outras moram em buracos nas árvores ou até nas telhas das casas.

Será que você consegue achar uma família com filhotes?

Mesmo que você não consiga ver os pequenos, dá para ver os pais cuidando deles?

Em algumas épocas do ano, andorinhas visitam as cidades!

Você já viu um grupo delas?

Quando elas apareceram?

Repare em como elas se juntam para dormir no final do dia.

Algumas aves preferem sair até à noite! Será que você consegue ver uma coruja perto de onde mora?

Você tem um cachorro ou gato em casa?

Que tal prestar atenção no seu bichinho para ver como ele se comporta?

Tente observar sem pensar no que você acha que já sabe sobre ele, com certeza vai descobrir coisas novas!

Será que você consegue ver bichos grandes onde mora, como capivaras?

Muitas vezes elas estão com filhotinhos.

Se sim, que tal desenhar algumas aqui?

Que outros mamíferos você consegue achar em parques, jardins ou até em casa?

Dá para prestar atenção no que eles comem,

onde eles vivem,

e até como eles se entendem com outros bichos que vivem perto.

E agora?

Encha o resto do seu livro com descobertas, perguntas, desenhos, colagens e o que mais quiser! Use as ideias que você viu aqui e todas as novas que com certeza você terá!